JN436469

도시를 스캔하다

유심문학회 사화집 2014

도시를 스캔하다

인북스

사화집을 펴내며

하루의 시간에
끌려가는 사람과
끌고 가는 사람이 있다면 당연히
끌고 가는 사람이 행복할 것입니다.

시에도
끌려가는 경우와
끌고 가는 경우가 있을까요?

그렇다면,
어느 쪽이 더 행복할까요?

끌려가든 끌고 가든,
우리는
이렇게 또 한 권을
끌어냈습니다.

각자의 꽃을 모아
만든 화단 하나를 바칩니다.

2014년 12월
유심문학회 일동

| 차례 |

惟心

강 병 천

2014년《유심》등단.
샘시스템(주) 대표이사, 한성대 객원교수, 세계미래포럼 원우회장.

테라노바 1*

– 마나슬루

1.
눈뜨라
흰 가면 쓴 가루다*가루다
깨질 듯 섬뜩한 크리스털 빛 하늘 지구 천장 울리는 돌개바람, 돌개바람 마나슬루 쌍봉 만년설 날려 새털구름 띄운다
유년의 다섯 용사 반백 년 벼른 언약의 땅을 오른다

저 구름 이 세상 어디에 머물다 새 세상 어디로 떠나는가

2.
로가온* 끝없는 밀밭 길 돌담 건너 풍장터엔

불타올라 하늘을 나는 영혼들과 그을린 뼈다귀 들추는 들개와 타다 남은 인육(人肉)을 쪼는 까마귀와 녹초 되어 등걸잠에 빠진 동무 함께 어울려

한 장면 한 실재(實在)가 보인다 여신이 임하시는 나라

3.
산기슭 초르텐* 오가는 생명 다독이나

삶과 주검과 영혼이 한 시공 한 찰나를 나른다 저 영혼들
날아가는 장막 건너는 어디인가 우리 찾아가는 새 세상의
시작은 어느 고개 어디로 넘어가나

오방색 깃발 두르고 머리 푼 보리수여

* 테라노바(Terra Nova): 라틴어로 언약의 땅.
* 가루다(Garuda): 천상과 지상을 나는 신조(神鳥). 비슈누 여신의 아바타.
* 로가온(Lhogaon): 마나슬루(8,163m, 산스크리트 어로 영혼의 땅) 베이스캠프 초입 마을.
* 초르텐(Chorten): 히말라야 불탑.

주산지 왕버들

살아도 살아도 얼굴 묻고 살아도
이파리 몇 닢 홀 버들 띄우고 살아도
어이 또 알고 오시어 눈물짓게 하시나

서역(西域) 흐르는 강 노을

그대 심원(深遠)의 눈빛을
거리에서 마주할 면(面) 없어

서역 흐르는 강(江)
갈밭에 숨어 사니
갈바람에 우는
갈대가 서러워라.

어느 적 노을에
검붉은 세살창 너머
구원(救援)의 하늘
그대 얼굴 비치려나.

권규미

2013년 《유심》으로 등단.
경주문학상 수상.

백모의 호랑이

하르르 하르르 참, 편한 하루가 저무는 요양병원

눈물 가득 고인 아득한 백발인 채 태어난 아기들 천년 동안
아장아장 걸음마도 떼지 못한

여기 온 지 삼십 년이 지났다고 낭창낭창 육 개월이나 지나
찾아간 나를 무심히 거드는 다정한 백모(伯母) 뜨거운 볕을
이고 김을 매고 빗줄기 속에 모를 내던 씩씩한 기상 어느
호랑이 잡아먹고 해맑게 웃으며 여기 있나, 그녀 대신

눈 위에 눈이 쌓이는 창밖 누군가의 부름으로 급히 되돌아
가는 바람의 뒷모습 적막의 비늘들이 흰 장미처럼 하염없
이 피어나는

우물가의 감나무는 어디 있나 치마 속 얼룩꼬리는 언제쯤
비치려나 없는 장지문에 달빛이 환하도록 "고마워요, 참말
로 고마워요" 자꾸자꾸 수줍어지는 호랑이 앞에 포르르 포
르르 참새처럼 가벼워지는 나

〉

안녕, 안녕 희미한 말 한 마디를 별의 무게에 견주다가 아슬아슬 이슬의 적막에나 기대어보는 선량한 호랑가시나무 같이 물끄러미 몇 가닥 빛을 내리는 달빛에 매달려 툭툭 마음을 차며 뒤돌아보는데

눈물 가득 고인 백발의 아기들 백모(白毛)의 호랑이들 어둠 속에 스민 천년을 걀걀걀 허공의 장대처럼 흔들리고 있다

소문

골똘히 수(戍)자리 서던 아들이 휴가를 나왔다

제 몸을 기울여 나무의 생을 들여다보는
딱따구리처럼, 잠시 나는 몸을 기울였으나

아름답기보다 오히려 낯설어 오래전
내게서 연유한 젊음이라는 사실이 믿기지 않는다

내 안의 어디에 저토록 빛나는 시간이 깃들어
당겨진 시위처럼 팽팽히 저와 맞서고
때때로 한 방울의 물처럼 간절해지는지

저 빛나는 짐승은
대체 누구의 소유 누구의 근원인가

좁은 산동네 소문은 금세 날개를 달고 팔월 아침 마당
참새와 햇빛 반반이어서
가문 골짜기와 죽은 돌멩이들까지 꽃 핀 듯

〉

화사하다

페르시아의 흠

소심한 내가 꿈에도 본 적 없는 양탄자 하나의 곡진한 흠에 대해 쓸쓸히 이야기하면 당신은 그걸 사소한 틈이라 생각하고

완벽한 구슬들 사이에 슬쩍, 깨진 구슬 하나를 끼워 넣는 인디언처럼 그건 완성을 위한 착한 의례인 거라 참으로 간단하게 당신은 말하고

결점에 대해 말하는 게 아님을 당신은 이미 알고 있지만 아름다움을 믿는 내게 자꾸 시간을 건너는 방법 몇 가지를 또박또박 일러주고

보고 싶은 것만 보는 어린아이처럼 틈이란 어떤 비어 있음, 어떤 통로일 뿐이지만 흠이란 따뜻한 인간다움이라 나는 다시 우기고

어느 고분의 부장품같이 낡고 녹슨 호미 하나를 보여주며 당신은 시간의 부드러운 퇴적과 붉고 푸른 영혼의 침잠에

대해 차근차근 이야기하고

햇빛 아래, 낡고 적막한 의문부호처럼 사실은 그게 그거라
우리는 웃고

권 영 희

2007년《유심》으로 등단.

꽃 피는 수선집

진열장에 걸려 있던 원피스를 내리고
낡은 재봉틀과 다리미대 마주 앉아
한나절 추억을 깁느라 왁자해진 작은 집

골목, 골목 떠도는 소문은 잘라내고
패스트푸드에 조인 인심은 늘려주며
누긋이 황혼길 밟는 시간들이 앉았다

공부에 지친 석이 구직서 내는 김 씨
부부싸움 지겨운 건넛집 젊은엄마도
간 맞춘 인생이고 싶어 넘어가는 저 문턱

세월을 시침질하며 재봉틀은 돌아가고
한 그루 동백이 꽃숭어리 놓치는 사이
도시의 풍문을 수선하는 손놀림도 분주하다

가을 무늬

참 곱게 늙은
플라타너스 앞입니다

어쩜 이리 환할까
은행나무 곁입니다

사느라
찌든 나도 가만
햇살 아래 섰습니다

알러지

열 가구 남짓한 조그마한 마을을 떠나
엄마 밥 못 먹게 된 서러운 그날부터
코끝이 근질거리며
말간 물이 흘렀다

사는 일이 뜻대로 흘러가지 않는 날
꽃가루처럼 날아드는 외로움에 전염되어
내 몸은 울컥하고 부푼
비적응 덩어리

다발성 염증을 앓고 있는 사람들 사이
희부연 세상을 필사하면 할수록
도시는 가차 없이 달려와
재채기를 엎질렀다

김 경

2000년 《시와 시학》 2007년 《유심》으로 등단.
시집 《누가 바람의 집을 보았는가》 《가을빛 사서함》.

그는 다시 돌아오지 않았다

그가 세상의 전부였다 한들 또 무엇하랴

그는 내게 이따금 이상한 꿈을 꾸게 했지만

날마다 흐려오는 햇살의 마당

제 몸뚱이 부서지는 줄 모르고 구르는 나뭇잎

바람과 바람 사이로 걸어가야 할 그곳이 어디쯤인지

붉은빛에 결박된 단풍잎들이 바람 부는 쪽으로 흔들린다

어머니를 만나다

하루가
뜬구름 같아
바람 부는 날입니다

돌아보면 아득하고
눈 감으면 삼삼한

가을 길모퉁이 얼비쳐 오는 어머니

이제야
당신의 빈자리
따뜻한 가슴무덤이 열려옵니다

소리의 가을

빛과 색으로 쌓여가는 가을 향기
네가 보이지 않는다
거리에 사람이 너무 많아서
저마다 손과 귀에 포승줄이 묶여서
어디론가 끌려간다
혼자서 웃고 웃는 눈웃음치며
중얼중얼 지껄이며 간다
허공의 포물선을 따라 지상과 지하
얽히고 섞여 물결로 파도친다
그 파도치는 풍경 밖으로
그림자도 없이 떠나가는 지상 나그네
시간의 무늬만 어른거린다
내 마음이 너를 찾아 헤매는 동안
가을빛 향기만이 화사해진다

김동호

2008년《유심》으로 등단.
현 소양중학교 교사.

낙조

서해바다 낙조에는 절이 한 채 앉아 있다
山門 밖 물결 첩첩 쟁여지는 범종소리

하루를 장엄하는 놀
목이 타는
一打
喝!

나무 밑에서

나무 밑에 누우면 다르게 보인단다
뭐가 어찌 다르냐 묻지 않아도 좋다

아는 건 온몸이 울려
가슴 치는 거더라

글썽임

꽃 지고 네가 가고 그 밤 꼬박 새운 아침
허리 편 풀잎들이 제 숨결 엉긴 거를
이슬밭 그걸로 펴서 글썽임도 비수(匕首)다.

김 선 화

2006년 《유심》으로 등단.
가람시조문학상 신인상 수상.

일곱 빛깔

어머니는 혼신을 다해 그릇을 만드셨다

그중 하나는 별이 되어 우리를 지켜주고

나머지 여섯 그릇은
덧칠을 하고 있다

금이 간 그릇은 자꾸 눈물을 쏟고

잘 닦인 그릇은 반짝, 주위를 밝혀준다

명절엔 제 빛으로, 서로
벌어진 틈을 메운다

단종애사

– 왕후의 편지

동망봉에 올라 청령포 바라봅니다

가시며 흘린 눈물 아직 발밑에 지고

젖어서 더 깊은 눈빛 아스라이 보입니다

펼칠 수도 알 수도 없는 머언먼 기억들

그대 눈길 닿은 곳 굽이굽이 감돌아

볼 붉은 열일곱 열여덟 우리 다시 만나요

아니, 새가 되어 비오리 한 쌍 새가 되어

푸르른 저 동강 너울 함께 타고 가요

찬바람 솔숲을 둘러 놀빛 끌고 가듯이

수위조절

신문을 펼쳐놓고 아침부터 뜨거운 부자(父子)

나는 보수의 주먹이 커 보이면 진보가 되고, 진보의 목소리가 거칠어지면 슬그머니 보수가 된다

오늘은 양쪽이 팽팽하다 관전(觀戰)만 해도 되겠다.

김 양 아

2014년《유심》으로 등단.

연밥샤워기

겨울바람 소리 빼곡한 관곡지 뻘밭
꼿꼿하게 서서 깊은 잠에 빠진 겨울 연꽃들
살얼음에 고개가 꺾였다
빗방울에 살이 올라
빗속에서 더 밝게 빛나던 등불들, 어느 틈에 다 꺼졌다

둥글게 에워싼 꽃잎으로 환하게 불 켜든 씨방
철이 지고 씨앗이 빠져나간 자리,
칸칸 빈집이다

욕실에 걸린 샤워기
캄캄한 구멍 속에 박혀 있던 침묵의 알갱이가 쏟아진다
연밭을 흔들던 바람과
이곳까지 흘러온 강줄기가 세차게 흐른다

긴 쇠줄 끝에 매달린 연꽃씨방
고운 빛 다 사위고 희끗한 갈빛으로
서걱거리던 들판의 아득한 시간들이 흩어진다

압축팩

잡다한 일상을 밀어 넣었다
며칠째 미루었던 짐 싸기
속도가 붙자 압축팩 속으로 빨려 들어간다
납작하게 밀폐된 옷가지와 이불
순식간에 허물어진 간격들이 커다란 가방을 채웠다

눌린 부피만큼 되돌아오는 무게를 끌고
도착한 그곳, 기숙사 동백꽃 울타리 속에
한꺼번에 챙겨온 사계절을 푸는 동안
학교 정문 앞 긴 잠에서 눈뜬 벚꽃이 하얗게 부풀어 오른다

눈길 닿는 곳마다
밀봉된 봄이 환한 꽃으로 터져 나오는 시간,
압축에서 풀린 나무들
봄볕을 접목하고 끊어진 그늘을 잇느라 소란하다

아이를 맡기고 혼자 돌아서는 길
부풀어 커지는 빈자리

이것들은 생략하거나 압축해야 한다
물기 차오르는 마음을 꾹 누른다

두부 한 모

상가 한 켠 두부집
갓 나온 따끈한 두부가 입맛을 당긴다
두부는 말랑하게 살아있다

도마 위에 얹힌 두부 한 모
봉지에 담겨 올 때의 출렁임은 멎은 채
조용하게 처분을 기다리고 있다
연한 것에 칼집을 내는 일은 막막하다
삶은 대체로 그랬다
내 몫으로 주어진 무언가를
깨지지 않게 조심해서 완성해야 했다

오늘도 내 앞에 덩그맣게 놓인 과제는
선택과 결정을 요구한다
넓적하게 잘라 지지거나 조려야 할지
작게 썰어 찌개에 넣고 끓일지
그대로 양념간장만 곁들여 낼지

사소한 두부 한 덩이를 내려다보면서
나는 또 잠시 망설이고 있다

김 영 주

2009년 《유심》으로 등단.
시집 《미안하다, 달》.

죽어도 못 죽는다

– 팽목항의 어머니

해도 해도 너무 한다
내게 하는 말이더냐

죽지 못 해 살아 있는 정녕코 내게 하는!

시퍼런 저 바닷물 속에 내 새끼가 있는데도!

국가에 대한 사유

하나밖에 가진 게 없는 아흔아홉 도구들이

아흔아홉을 거머쥔 일 프로의 사용자를

받들고 먹여 살리는 불가사의한 조직체

웃기다 자빠지다*

살고 쓰고 사랑했다는 스땅달의 묘비명이나
우물쭈물하다가 내 이럴 줄 알았다거나
저저금 한 마디쯤은
두고 갈 말 있나 보다

손 툭툭 털어내고 빈 몸으로 가면서도
다시 풀어 볼 것처럼 고를 맺고 가는 까닭
죽음은 마침표가 아니라
그저 쉼표일 뿐이기에

울다가 죽기보단 웃다가 죽는 일이
웃다가 죽기보단 웃기다가 죽는 일이
왔다 간 흔적으로는 꽃답지 아니한가

* 개그맨 김미화가 쓰기로 한 묘비명. '웃기다 자빠졌네'라고 쓰기로 했다고.

김택희

2009년《유심》으로 등단.

만추

예쁘장한 꼬마가 순식간에 버스 안을 휘어잡는데 버스에 오르기 전 물든 낙엽 줍고 싶은 아이의 손 할머니에게 이끌려 급하게 오른 모양인데 당장 내리자고 생떼 대단한데 타일러보지만 막무가내 가을이 부려놓은 이 난처함을 무어라 해야 하나 물든 낙엽에 빼앗긴 이 여린 남심(男心)을 졸라도 꿈쩍하지 않는데 바락바락 대드는 손자의 억지는 바람에 쏠리는 낙엽처럼 구르는데 계속되는 난리에 승객들의 눈빛 소란한 아이를 응원하는데 난색을 표하는 할머니에게 물든 미소 환히 보내는데 마음도 풍경도 온통 물들어

두부의 저녁

툭
잘린 하루
눈도 코도 지우니 거리만큼
말랑해진 여유
틀 속에 맞춰
눌러 보고 냄새 맡고 맛을 보던 테두리를 벗어나
각 세우는 습관까지 늦춰
오늘은 마크 로스코*의 저녁으로 간다

진화된 질감 따라 내디디면 마음 따라 풍경도 되는지
매끈하고 나긋하다 낯설지 않은 입에 가까이하고 싶어져
가만 부풀면 설핏 탄력으로 튕겨져 오른다
단단함을 이기는 부드러움으로
간수의 시간 뜨겁게 엉기던 그 응고의 힘으로
잘려도 둥글어지지 않는 완고한 미덕으로
형식의 틀 너머 변수로
오른다

애초에서 멀어지고
뭉쳐 있어 난해할 뿐 투명하지는 않아도
불순물 없는 본질
오래 다니던 길에 쌓인 숫눈처럼
희고 환하다

* 추상 표현주의 화가.

소실점

꽃 핀 자리 환한 줄만 알았지 꽃 진 자리 움푹한 줄 몰랐네

흰 꽃 피웠던 사과의 배꼽 붉게 눌려 있네

비탈진 몸짓으로 돌아다보네

만날 때 즐거운 줄만 알았지 떠난 자리 아득한 줄 몰랐네

헤어져 돌아온 늦은 밤 잠이 오지 않네

애초에서 멀어진 야윈 동행에 봄으로 뻗은 손길 축축하네

김 해 인

2008년 《유심》으로 등단.
시집 《다산》 외 다수.

기러기 떼

움직이는 과녁 찾아 하늘 나는 화살촉 봐

활시위 당겼다가 놓은 이는 누구인가

대지가
하늘을 향해
쏜 것이 분명하지

움직이는 과녁은 도대체 어디 있나

해와 달, 별들 외에 보이는 게 없는 것을

무단히
하늘을 향해
시위를 놓을 리가

달팽이

제 몸이 기지국인 달팽이가 송신해야

수신인이 누구인지 당장 알고 싶은 것을

내용은
언어가 달라
이해할 수 없더라도

눈앞에 바로 내가 수신인 걸 몰랐으니

주파수가 서로 달라 수신이 안 된 것을

달팽이
한눈팔았단
천리마를 앞지르지

* 마지막 연은 내가 어디서 들은 말이다.

동암에서

－茶山

1
오래 묵은 슬픔을 그대로 방치하면

슬픔이 어혈되어 영육이 망가지니

서둘러
퇴치해야지
슬픔의 뿌리까지

2
아무리 애를 써도 뽑히지 않는 것이

슬픔의 뿌리란 걸 뒤늦게 깨닫다니

차라리
한 몸이 되어
뭘 낳는 게 더 낫지

박 미 자

2007년 《유심》으로 등단. 2009년 〈부산일보〉 신춘문예 당선.
《울산시조》 작품상 수상. 시집 《그해 겨울 강구항》.

도시를 스캔하다

열차표 끊어놓고 들어선 지하상가
하행선 빤히 뵈는 유리문 부스를 지나
수많은 눈빛 카메라 신제품 찰칵 담고 있다

지하통로 벗어나니 반기듯 눈이 온다
커피숍 미니궁전 공주도 되어 보고
명품관 기웃대다가 가격표에 질식된

플랫폼 난간에서 화면을 캡처한다
갈래갈래 뻗은 노선 더듬어 찾아가는
혼선의 기로에 선 지금 손에 든 건 생수 한 병

서귀포 바닷가

숭숭 뚫린 갯바위는 방게들 천국이다
무엇을 찾고 있나 바지런히 들락날락
저 멀리 바지선 한 척 머문 듯 지나간다

둥지 튼 서귀포에 사랑으로 빚은 꽃술
남덕 훌쩍 떠난 뒤로 빈 독엔 바람만 살아
못 부친 그림엽서는 색이 바래 다발 지고

아침바다 모래톱에 그려가는 선화(線畫) 한 점
발가벗은 아이와 실에 꿴 물고기도 함께
중섭은 고삐를 잡고 제주 바다 끌고 간다

주상절리

통나무 베어와서
신전을 지으려 했나

뜻하지 않은 화재
불길에 휩싸일 때

파도가
일순에 덮쳐
숯더미로 쌓였다

배 재 형

2007년 《유심》(시), 《월간문학》(아동문학)으로 등단.
시집 《소통의 계보》. 한국야쿠르트 홍보팀 재직.

비의 도시, 이별

빗소리처럼 앓았다
눈물이 도시에서
소리를 지우며 고요하다
더러는 빌딩 숲 사이 빗방울들이
골목들까지 숨겨주고 있었지만,
밤새 나지막한 빗소리
숨길 수 없어 가슴이 막막했다
비와 함께 이제는
볼 수 없는 그대가
비 그친 후 더 아파왔다
비만 오면 앓고 있을
지난 그대가
젖어왔다

은사시나무

사랑의 부재를 키순으로 세운다
안개가 가늘어진 새벽 끝자락을 피해
여직 소명하지 못하던
사랑의 알리바이를 기억해내고 있었다
봄은 이월과 삼월 사이 눈 깜박할 순간
하얗고 가녀린 능선을 타고 나타나며
길목마다 숨겨진 작은 씨앗을 찾아 서성거린다
혼자이거나 서러운 사람들 마음에서 떨어진 눈물 한 방울
뱃속을 가르고 올라온 조기 흰 속살 위에
숨어서 그리움만 움켜쥐고 있는 옛 추억 한두 마리 꺼내며
소리 없이 떨어진다

바람이 간다

바람이 분다
바람이 부는 곳에서
따뜻한 봄날 오후가 온다
바람이 불어오는 곳으로 돌을 던진다
뾰족한 돌부리에 찢긴 바람이 휘휘 생채기를 내고
뜯겨진 바람의 조각이 떨어져 나간다
바람은 종일 기다리지 않았다
먼 길 떠났다가 다시 돌아오는 길이었다
바람을 향해 그립다,
들입다 던진 돌이 틈을 만들었다
쨍그랑 장독대 깨진다
바람이 간다

서승석

2013년 《유심》(평론)으로 등단.
시집 《자작나무》《그대 부재의 현기증》 등 저서 다수.

무봉헌의 오후

– 질경이 이기연 님께

옷에 철학을 입히는
너의 손은 거룩하다

처마에서 한 번 굴절되어
문창살을 살며시 돌아
창호지로 스며드는 무봉헌*의
간절한 가을 햇살

파릇한 솔잎 사이로 쏟아져 내려
개여울 여린 물살을 애무하며
물 위에 떠 있는 봄꽃을 희롱하는
청명한 바람과 햇살은 고스란히
횃대에 걸린 네가 지은 우리 옷에 되살아나고

목탁소리보다 청아하게
계곡의 물그림자 계절을 넘는 소리

한 땀 한 땀 고통으로 수놓아 온 인고의 세월

그 적멸의 순간에 아름다워라
너의 얇은 입가에 언뜻 스치는 찬연한 미소

* 우리 옷, 한복 '질경이'의 삼청동 한옥 사옥.

꿈의 여백

별이 총총한 내 꿈의 여백에
너는 뜨거운 미스트랄Mistral*로 인다

암스테르담에서 니스 사이 상공
새하얀 뭉게구름 속살거림 사이로
언뜻언뜻 경이롭게 다가오던 알프스 설봉들

출렁이는 보랏빛 라벤더 향기 위에
술렁이는 지중해의 녹색 미풍
요트 위에 부서지는 투명한 햇살에 몸을 맡기고
함께 웃고 호흡하고 자지러지다
나른히 파란 창공에 눕는 행복

달리의 끈질긴 '기억의 고집'처럼
시차를 못 이기고 축 늘어진 내 시계는
마법의 긴 촉수를 뻗어
아직도 남프랑스의 폭신한 하늘을 더듬고 있다

구름과 바람 위에 새겨놓은 문신 같은
속절없는 그 사랑의 약속을

* Mistral : 프랑스 남부지방의 북풍, 북동풍. 가끔 무서운 기세로 산불을 몰고 옴.

꽃에서

어제는 꽃이더니
오늘은 열매이구나
내게 다디단 살 다 주고
남은 향기도 몸속에 뿌려주고
그대 날개를 달고
하늘 가득 빛이 되는구나

성승철

2009년《유심》으로 등단.
순천문인협회 부회장.

꼬리를 팔다

나는 천국산 왕지아파트 419호 애완견이다
419호가 내 주인이고
애들이 내 목줄이다
출근 전 왼쪽으로 세 번 오른쪽으로 두 번 꼬리를 흔들어
준다

같은 애완견이지만 앞 동 로열패밀리의 애완견에 비하면
나는 처지가 나은 편이다
그들은 성대를 팔아 아침을 먹고
꼬리를 팔아 저녁을 먹는다
그게 안 통하면 성기까지 내놓는다

지난해부터 포털과 SNS 골목이 뜨겁다
누군가에게 판매가 금지된 꼬리를 판 애완견들이 잡혔는데
한쪽에선 좋아서 꼬리만 흔들었을 뿐이라고 우기고
다른 쪽에선 가죽과 꼬리만 남기고
목줄과 몸통이 사라졌다고 아우성이다

목줄과 몸통을 잡아야 하는데
거기까지 가려면 100년도 넘게 걸릴 것이고,
꼬리가 꼬리를 잘라 세상은 시끄럽고
시신들이 떠난 밤 공동묘지처럼 암울하다
법전에도 "꼬리를 흔들면 처벌한다"는 조항을 끼워야 하는데
인간의 범죄에 개들이 끼면
학계와 법조계는 개판이 될 것이고
꼬리 없는 개들의 가막소도 여럿 지어야 할 것이다
모두 잡히지 않으려면
목련꽃 7번지나
진달래꽃 9번지로 숨어야 할 것이다

뒤에서 늘 비굴하게 비위나 맞추던 꼬리가
지금처럼 우리를 모질게 지배하며
우리의 목줄을 잡고 흔든 적이 있었던가

당신과 내가 꼬리를 잡으며 술래잡기하던

그리운 매화동산의 해치(獬豸)는 어디로 갔는가
여우 같은 몸통과 도적 같은 꼬리를 잡을
우리의 해치는 도대체 어디로 갔는가

먼 옛날부터 하나둘 무장을 다져온
이제는 철갑으로 무장을 한
팔아도 팔아도 계속 자라나는
불사불멸(不死不滅)의 그것
목하, 애완견의 세상이다

산길에 대한 예의

산길을 지나갈 때는 미리
적당한 콧노래라도 주어야 한다
작은 발소리라도 주어야 한다

길 가운데 놀고 있는
고요와 햇살 그리고 바람이나
일 나온 개미나 벌레들이
알아차릴 수 있도록 귀띔이라도 주어야 한다

세상에 처음 나온 아기뱀이
일 년을 기다렸다가 이제 막 도착한
밤꽃과 아카시아꽃이 놀라지 않도록
작은 손뼉이라도 쳐주어야 한다
뱀딸기 산딸기가 놀라 떨어지지 않도록
아카시아꽃 향기 밤꽃 향기가 도망가지 않도록

작게 작게 걸어야 한다
산길이 넘어지지 않도록

세상이 뒤집히지 않도록……

봉화산(烽火山)에서

생명수 같은 이수(二水) 건너
봉수대에 불이 올라야
비로소 산이 되는 山

죽도봉에서 연자루에서
하늘의 신도들이 사는
순정한 순천(順天) 태운 팔마(八馬)도
불심 품은 발길도
어린 편백도 매발톱도
하늘 향해 푸른 길을 내느라 부산한데

이 아름다운 남도의 중심에서
세상 용서받지 못할 죄도
모두 포용하는 순천(順天)을 품고
성화(聖火) 같은 푸른 불꽃으로
제 한 몸 태우며
산이 되는 山은

사람이 곧 하늘이라는
저 하늘을 향해
조석으로 경배를 올리는데
하늘의 도리를 모시는
저 찬란한 신성 앞에서
누가 변방의 산을 말하고
인간의 도리를 논하는가

국란 때마다
푸른 불옷의 거인처럼
위태로운 나라의 첨병으로
아무도 돌아보지 않는
변방을 지키며
묵묵히 자리를 지키는 山은
세세천년 영원할
불멸(不滅)을 꿈꾸는데

어디 山처럼

듬직하고 마음 깊은 사람 없나
어디 봉화산처럼
진중하고 마음 푸른 사람 없나
하늘의 도리를 알고
천리 만리에 푸른 향기를 뿌리는
그런 사람 어디 없나

봉화산 같은 사람이 그립다

안 현 심

2004년 《불교문예》(시), 2010년 《유심》(평론)으로 등단.
시집 《하늘사다리》 외 논저 다수. 현재 한남대학교 초빙교수.

사람의 성채

달의 주기를 반복하는 동안 여성일 수밖에 없었다
시기와 질투를 온몸으로 받으며
모난 몸뚱이를 다스리는 반쪽 인간이었다

등신불로 사십 년,
뜨거운 피를 소진해버린 몸뚱이

이제 더 이상의 윤회는 없다
여성과 남성을 한 몸에 지닌 채
세상 풍경을 내려다보는 신선이다

비로소 완전해진
사람의 성채.

남편이 집을 나갔다

남편이 집을 나갔다. 복사꽃 어린 색시 데려다놓고 먹여 살리지 못하겠다고 산으로 숨어버렸다. 두 번째 남편이 집을 나갔다. 밭 일구러 가자는 아내와 살다간 허리 부러지기 십상이라며 술집 골방에 눌러앉았다. 세 번째 남편이 집을 나갔다. 앞산 바라 눈물짓는 아내 때문에 속병 도져 죽겠다며 황무지에 내팽개치고 차를 몰았다.

이 봄, 또 남편이 나가려 한다.

꽃들의 손짓, 하염없는 손짓.

자화상

히말라야 산맥에서 홀로 살아가는 눈표범처럼, 사람은 물론 어떤 야생동물에게도 모습을 드러내지 않는 눈표범처럼, 절벽을 타다가 혹독한 추위가 눈을 찌르면 긴 꼬리로 감싸 안고 외로이 침잠하는 눈표범처럼, 맑은 창자에 허기가 밀려오면 쓸쓸한 발자국으로 시를 쓰는,

숨어 노래하는
하얀 은둔자.

엄계옥

2011년《유심》으로 등단.

동업

장안사 길목 난전 주위를 어물쩍이는데
난데없이 콩새 땅콩을 물고 달아난다
순간에 당한 공습이라 멈칫하는 사이
두 번 세 번, 내 존재 따윈 깡그리 무시한 채
콩새 태연히 땅콩을 나른다
새의 잦은 비행에 올려다본 포란의 집
모음조효음조 하는 지저귐이 왁자하다
아무래도 공중에서도 장이 서는 모양이다
한마리가 지상으로 들면 한마리가 공중을 나며
땅콩 바구니를 제 것 인양 차고 나른다
내가 난전 주인과 콩새를 번가는 동안에도
새는 수도 없이 땅콩을 물고 간다
눈주름 길게 늘어뜨리고
목울대 턱선까지 붙은
포대화상처럼 넉넉하게 생긴 그 여자
지상과 공중 반반 나눠야지
애걸복걸하면 병난다 – 재재댄다
지상과 공중의 동업으로 인해

난전 주위가 활력으로 왁자하다

돌아가는 삼각지

늦은 밤 만취해서 돌아온 아버지
꼬부라진 골목에서부터
내 이름과 동생 이름을 번갈다
방안 가득 들어차던 술 냄새
위풍당당한 아버지의 귀가를 알리고
먼지 덮인 축음기 볼륨 껏 목을 돋운다

자지러지던 축음기가
중저음의 제 목울대를 찾을 동안
저 기분에 걸려들면 지샌 달 뜨도록
마른 하늘에 비 든 구름 찾아야 할 판이니
감긴 눈 다시 눌러 잠든 척하는데,
축음기는 목청껏 나비잠 헤집는다

아랫목에 펼쳐지던 세 갈래 젖은 길
고적한 사내를 넉넉히 품는데,
핑그르르 세상 결 영문 모르게 수십 번
따라 돌던 노랫말

〉

한밤중 술 익은 냄새와 돌아가던 삼각지가
마흔 해 지나 그 나이에 편승하면서부터
아버지 버릇 고스란히 내게로 와 전축에 배호를 얹는다

설움인지 쓸쓸함인지 모를 것에 푹 안긴 기분을
모른 척 눈 감고 기다려 주기보다
민원 들어올 거라 무릎 꺾이던 밤

목소리 풀 한껏 꺾인 노랫말 돌아 나오면
저만치 아버지의 귀갓길에
먼저 가 닿는 삼각지 로터리 길

비 듣는다

새벽에 비 듣는다
버려져 침묵하던 것들
비의 기척에 일제히 눈을 뜬다
투두둑 탁 툭닥
평소에 입이 없던 것들
비의 난타에 일제히 말문 연다
수돗가 비스듬히 누운 병
풍파에 갈비뼈 꺾인 우산
볼기짝 찌들린 냄비
주택가 난장 굽은 역사
둑 담 넘나들며 주고받느라
귀 밖이 소란스럽다
때론 드럼통 소리로
때론 낮은 냇물의 목젖으로
그 소리 듣느라 내가 젖는다

오승희

2013년《유심》으로 등단.
고양문화재단 어울림문화학교 사주명리학 강사.

이별의 품사

'젊다'는 형용사, '늙다'는 동사라 하네

촛불 옆에 해골*은 먼 곳을 응시하고

도무지 알 수가 없네 별들이 우는 이유를

계절은 거울 속으로 자꾸만 달아나고

이별하는 내 생에 가장 젊은 이 순간

당신은 저만치 있고 나는 여기에 있네

* 바니타스 정물화 소재(vanitas: 무상함, 허무를 뜻하는 라틴어).

관계

퐁당퐁당 돌 던지며 띄엄띄엄 읽는다

영혼 없는 이모티콘 행간을 떠돌지

무젖어 건너지 않는 너, 나
스팸으로 소비된다

메아 쿨파

제 탓이요 제 탓이요 저의 큰 탓이옵니다

소스라치는 몸짓으로 운명에 불시착한

모두가 제 탓입니다 혹독히 벌하소서

그러나 죽도록 한 사람을 소망한 죄

배신의 독화살도 온전히 제 몫입니다

차라리 주홍글씨로 오래 남게 하소서

* 메아 쿨파(Mea Culpa): '제 탓이요'라는 라틴어로 에디트 피아프의 샹송 제목이기도 하다.

윤경희

2006년《유심》으로 등단. 시집《비의 시간》.
대구예술상 수상. 분지사람들·영언 동인. 현 대구문협 사무국장.

은사시나무

늙은 복서처럼 꿋꿋이 서 있었다

바람 위에 몸을 세운
당신의 푸른 손짓

하얗게
바스러지는 햇살
마지막 인사였구나

스마트폰 씨(氏)의 문상

봄날 오후 전철 안 쥐 죽은 듯 조용하다

모두가 넋 나간
숙연한 상갓집,

그 누가
생을 달리했기에
저토록 엄숙한가

역마다 조문객이 줄지어 들어오고
재빠른 손길로 주검을 어루만진다

광적인
교신을 해대는
저 환한 묵념의 시간……

폭우 그 후,

미동도 하지 않는 이른 아침 왜가리

한 생을 다 마친 물살 끝에 서 있다

비릿한 치어의 아우성,

긴 햇살을 끌고 간다

이 무 열

1997년 〈매일신문〉(동화) 2010년 《유심》(시)으로 등단.
대구 문화관광해설사.

채석강에서

동서고금 허다한 말씀들
못다 한 사설이 저리도 분분하구나.

책 한 권 펴낸 바 없이
어쭙잖은 시인 이름 걸친 사람이나
시집 열 권 낸 사람이나
이곳에선 부끄럽기 매한가지겠다.

저 책 짓는 데 누구는 일만 년 걸렸다 하고
또 누구는 허접쓰레기 죄다 음담패설이겠다 킬킬거리는데

강물에 뜬 달 잡으려다 빠져죽었다는
옛사람 핑계 삼아
젊은 날 하고많은 공수표, 밀린 외상값, 벅찬 문장을 좇던 일
나는 왜 바다의 빈손만 비비며 자꾸 딴전을 피우고 있는가.

등짝

지천명 훌쩍 넘어 시 전문지 추천받았다고
초저녁부터 시인 몇몇 축하 고돌이판 벌였다.
—축하해, 기념으로 광 팔아 난 고야! 이 형 덕분 우 떼몰려 백담사 만해축전 가겠네.
탑리약사여래 김 형 목소리가 유달리 신명 났는데
누군가 딸꾹질하자, 패 돌리다 말고 벌떡 일어나 처방을 알려준다.
바닥으로 고개 처박고 히프는 하늘로 잔뜩 치켜든 채 시범을 보이는데
—자, 자 모두들 자아알 보시라고 컵에 물 따뤄 이렇게 거꾸로 빨아 마시면 대번에 딸꾹질 멎잖아. 이건 약국에서 돈 받기 힘든 게 단점이거든. 봐라, 우리 신인 밥 사니까 돈 따잖아 또 고!
그때 한 통의 전화벨이 다급하게 울었다.
—아이가 아프다카네. 뒤에 오소…….
김 시인 목소리가 낮고 조용하게 문지방을 넘어갔다.
문득 대구에서 의성, 베이징, 스좌장 거쳐
우루무치, 돈황, 트루판, 천산북로 떠 헤매어도

화타나 편작은 세상 그 어디에 꼭꼭 숨은 것이랴.
근무력증(筋無力症)이 끌고 온 굽은 길*
신발을 구겨 신으며 허둥거리는 등짝 뒤로
딸깍, 두꺼비집 내려간 듯 먹먹한 밤이 왔다.

* 김호진 시 〈스좌장 가는 길〉에서 빌려 옴.

옛날 책상

고미술품 상점에서 책상을 샀다.

느티나무 통판에
먹금 그어 사개맞춤 하고 나무못으로 마감한
옛 법식을 충실하게 따른 것이었다.

청도 화양읍 복사골로 아내랑 꽃구경 가기로 한 날
새벽까지 묵은 때 털며 기름칠하다가,
앉은뱅이책상을 둘러메고
사십 년 이쪽저쪽의 봄 풍경 속으로 걸어오는
아버지를 보았다.

당신의 외아들이 책상물림이 되기를 바라셨을까
할아버지처럼 풍월깨나 읊기를 꿈꾸셨을까

살다 몸 고달프면
청도 가는 길, 장미공원 먼발치
언덕바지 숨 가쁜 복사꽃처럼 헐떡거렸다.

〉

새삼 고시공부라도 할 것처럼
자글자글 굽이쳐 간 느티 문양에 물끄러미 넋을 놓다
이바구 떼바구 강떼바구
울컥울컥 분홍색 향기로 젖어드는 봄밤이다.

이 소 영

2014년 《유심》으로 등단.

간월도

– 수채화, 120cm×90cm, 2011

물을 버린 갯벌은 어제도 쓸쓸했을까

굴 따는 아낙네 무채색 옆모습이

젊은 날 붓을 내려놓은 아버지만 같았다

가장만이 천직일까 이젤 다시 세우고

바위섬 따개비처럼 세월 첩첩 기어이

간월암 넘실 가둔 바다 노을 속에 잠긴다

송어에 대한 예의

노을로 갓 피어난 쫄깃한 살점들

세상사 잘 버무려 잘근잘근 씹으면

부패한 말의 향연은 잔반처럼 남는다

소나무 송(松) 자 솔향기 스민 맑은 계곡

역류하는 송어처럼 살아 튀는 세상 말들

귀 씻고 우리 '처음처럼' 돌아갈 수 있을까

이 남자와 사는 법

아침 수프처럼 우리 사랑 끓어오를 때
파란 셔츠 보랏빛 타이 향수 살짝 뿌릴 때
이래도
나 되는 걸까
이 순간이
황홀해

투정도 상처도 사랑해서 준다는 말에
“미안해, 고마워” 슬그머니 낀 손깍지
오늘도
어제처럼 우린
특별하지
않지만

주름 세운 바지에 또 하루가 접혀도
뒷모습 보면 다가가 살며시 안고 싶어

당신이
남자로 보여
어제처럼
그 밤처럼

이승현

2003년 《유심》으로 등단.
이호우이영도시조문학상 신인상, 나래시조문학상 수상. 한국시조협 사무총장.

가을풀

여름내 거친 물살에 상처투성이였어도
발가락 마디마디마다 옹이를 박아가며……
바위와 바위틈새에 실핏줄 뻗어 내렸다

세상을 물들일 것 같던 앞산도 물기 빼고
한 줌 갈볕 속에서 저리 몸 말리는 일은
온 삭신 옥죄여놓는 겨울을 건너기 위함인가

밭은 숨 쉬던 강물도 발꿈치 모으는 입동
이 몸은 어느 갈피쯤 노을빛 풀어놓을까
갈매옷 벗어놓고서 가늠해 본다, 저 길 끝……

깸

까치발 들고 서서 기척도 소문도 없이
달빛 뒤 별들처럼 그렇게 반짝이는
투두둑, 꽃 지는 시간 그 거리가 참 멀게

한여름 찌는 밤을 깜박 졸았나보다
훅, 바람 한줄기에 가부좌 나뒹굴고
뒷마당 대숲 속에선 이슬방울 후두둑

귀 열고 눈 부릅뜨고 얼마나 몰입해야
안개가 물방울 되는 그 찰나 잡아챌까
이슬은 여명 한줄기에 아지랑이 피는데

쉼

찐득한 갯벌 위에 일 놓은 폐선 한 척
지나는 농게에게 앞선 이 안부 묻고
햇살을 방향타 삼아 졸다 깨다 먼 곳보다

갯가에 바람 들면 바다는 포말 날리며
한 세월 배를 맞댄 이두박근 어부 맞아
산호초 금침원앙에 홍등을 걸어놓았지……

TV보다 소파에서 조시던 내 아버지
스르르 바다를 향해 독백하듯 몸 눕힌다
펄에다 살아온 날들을 흘림체로 그리며

이 제 우

2014년《유심》으로 등단.

영시발(零時發)

시간에 손목이 채인 사람들이
주머니 속의 어둠을 털어내며
스스로의 위치에 자리한 대합실.
밖엔 내리다. 솔직히 말하자면
비의 밤에 밤비가 내리는
그늘 밖으로 빛살이 내리는
이러한 간이역의 영시발.
떠나는가, 떠났는가.
나뭇가지에 열매를 맺고
빨간 사랑을 맺고 새는.
목저를 나란히 한 선로 위
피안으로 진입하는 열차여.
임종의 가슴에 귀 기울이며
듣는다. 멀어져가는 이승의 바퀴소리를.
잎들이 뿌리는 작별의 손짓과
사라지는 연기조차도 과거일 때
호흡이 곤란한 여기에서, 우리는 그런대로
의지의 방향으로 떠나가는 시간행 열차를 타고

흔들리는 생활에 기댄 채
어느 지점에서 덜컥거리는지
지금은 모른다. 불편한 객실.
가족을 동반한 바로 여기,
좀 더 여기에 몇 분간 연착인지도
지금은 모른다. 그러나
빈 나뭇가지가 귀를 흔드는 야영지에서
마디마디 허공을 쌓아올리며
대나무여, 어제는
하늘을 말갛게 쓰는 노역이었다.
오늘은 바람 부는 몸짓의 자유.
지상에 참여한 나무 아래
떨어진 과일의 사상을 소화하며
다시 판단한 반쪽을 권해 보는
가능한 소통은 이루어지고.
이랑이 늘어나는 불모의 땅에
손이 닿은 이마 위에, 머리칼에
휘감기는 어둠을 털며, 한 입

별빛을 머금고 목이 타는 꽃잎들이
풀벌레의 음계 위에 떨어지는 밤에
사나운 짐승의 육성처럼
어둠이 멍들도록 경적을 울리는 영시발.
아슬히 적신호를 비껴가는 우리의 진행.

아랫목

산으로 고래 켜고
구름으론 구들 들여

불땀이 좋은 햇살
아궁이에 메워 넣은

뜨끈한
방 아랫목이
논밭임을 몰랐네.

영남루

남천강* 물굽이를
추녀 끝에 드리우고

흰 구름 헹궈내어
왼 어깨에 걸친 채

낮달을 손짓해 불러
천사도를 펼친다.

선자연 활짝 펴서
팔 벌림을 하는 밤은

용마루 구배 위로
건너뛰는 종남산**과

누마루 다 울리도록
별을 톡, 톡 두곤 한다.

* 영남루 앞으로 흐르는 강.
** 영남루에서 남서쪽, 밀양의 중심부에 위치한 산.

이학종

2010년 《유심》으로 등단.
현 〈미디어붓다〉 대표기자.

아름다운 추이(推移)

주말의 이른 아침 지하철 2호선 순환선, 오드리 헵번을 닮은 아가씨가 맞은편 자리에 앉는다. 외국인이 아닌데도 눈망울과 생머리가 거의 오드리 헵번이다. 오드리 헵번을 닮은 아가씨가 화장을 시작한다. 둘을 합하면 얼굴 절반은 될 법한 큰 눈은 짙은 갈색 눈동자 전부를 온전히 드러내고 양쪽 눈가에 갯벌처럼 드리운 선홍색 살점의 뿌리까지 드러낸다. 오드리 헵번을 닮은 아가씨의 손길은 지나는 역사(驛舍) 수의 자승(自乘)만큼 분주해지고, 현란한 붓질 수에 비례해 오드리 헵번*에 다가간다. 네댓 번 붓질을 하고서는 핑크색 뒷면을 한 손거울 들여다보기를 반복한다. 털이 제법 탐스러운 큰 붓으로 기초공사용 붓질을 하더니, 작은 붓으로 바꿔서는 분홍빛 크림을 눈가에 능수능란하게 칠한다. 열차의 진동쯤이야 익숙해진지 오래. 동그란 모양의 흰색 천으로 미장 공사하듯 얼굴 전체를 다독이더니, 까칠한 털이 달린 마스카라에 먹을 묻혀 아래에서 위쪽으로 눈썹을 추켜올린다. 한 번 문지르니 눈썹이 죽순처럼 자라고, 두 번 문지르니 눈의 지름이 일 센티는 늘었다. 커진 만큼 아가씨는 오드리 헵번에 가까워지고, 우중충한 순환선 전

동차 안에 밝은 기운이 충만해진다. 오드리 헵번을 닮은 아가씨가 오드리 헵번이 되어가는, 이 아름다운 추이(推移).

* 오드리 헵번(Audrey Hepburn, 1929년 5월 4일~1993년 1월 20일)은 벨기에에서 태어난 영국의 배우이자 인도주의자. 〈로마의 휴일〉(1953), 〈티파니에서 아침을〉(1961)을 통해 유명해졌으며 특히 〈로마의 휴일〉을 통해 아카데미 여우주연상을 수상했다. 이 외에도 골든글로브상, 에미상, 그래미상을 수상하였으며 말년에는 UNICEF 홍보대사로 활동했다.

서산의 새벽

먼동이 트고

안개가 오르고

능선과 나무는

짙은 검정으로

제 몸을 보이고

새벽안개 내리고

추적추적 빗물 내리고

구릉과 보리밭은 밝음으로

자신을 드러내고

선사의 죽비성이

고요를 쫓고

만물이 깨어나고

살아나고

꿈틀거리고

목련

너는
순백의 메릴린 먼로
시들기 싫어
투신을 결행했구나

어리석구나
메릴린 먼로여,
고결함은 나무 끝만이 아니라
도처에 있는 것임을 몰랐는가

일순의 자존을
지켰으나
진창의 구정물을
벗어나지는 못하였어

머물려 했던 먼로*여
연옥에서라도 알아야 하리
아름다움은

흐르는 가운데 있는 것임을

* 메릴린 먼로(Marilyn Monroe, 1926~1962) : 미국의 여배우. 소녀 시대를 고아원에서 보내고, 모델을 거쳐 1947년 영화에 데뷔, 성적 매력에 의한 육체파 배우로서 널리 알려지게 되었다. 〈Niagara〉(1952) 〈Gentlemen Prefer Blondes〉(1953) 〈백만 장자와 결혼하는 방법〉(1953) 등에 의해 소위 'Monroe Work'를 유행케 했다.

임 연 태

2004년 《유심》으로 등단.
시집 《청동물고기》 기행집 《부도밭 기행》 외 다수.

그늘 깊은 공양

느티나무 그늘 깊어 하루 종일
햇살 한 뼘 들지 않는 서낭당

빛바랜 시간 너머 어느 아낙이
흘리고 간 옷고름인 줄 알았는데
먼 광채를 배경 삼아 돌무더기를
감싸고 있는 저것!

전생의 업보를 벗어
할미에게 공양 올리고
내생으로 향하는 구멍을 찾아갔을
그 몸뚱이를 생각하다가

이 여름이 다 가기 전
나도 살아온 날들의 허물을 벗어
저 그늘 깊은 서낭당 돌무더기에
널어 두면 그 죗값이
얇게 투명하게 말라갈 수 있을까?

〉

내생은 고사하고
금생에 남은 날들이나마
누군가에게 기꺼운 공양이 될 수 있을까?

목격자

이와 같이 나는 보았다.

북벽의 새벽, 안개가, 물 위에서, 엄청난 무리들을 거느리고, 꼼짝 않고, 정말 꼼짝달싹도 않고, 강물을 누르고 있었다. 강물은 무수한 갈래로 속살을 뒤집고, 영춘강 모래보다 많은 심장을 뒤집고, 또 영춘강 모래만큼 많은 수의 영춘강 허파까지 뒤집어서, 더 이상 뒤집을 속이 없다는 듯, 멈춰 서서, 흐르지 않고 멈춰 서서, 안개를 뜯어먹고, 안개에게 뜯어 먹히고, 먹어도 먹는 것 같지 않고, 먹혀도 먹히는 것 같지 않게, 그렇게 안개와 강물은, 안개와 강물이 아니었을 때로 돌아가고 있었다.

시나브로, 고타마 붓다와 그의 제자들이, 발우를 들고, 줄지어 줄지어, 밥 빌러 올 때가 다가오는데, 누구도 아궁이에 불을 지피지 않았다. 강물이 흐르지 않는 날은 밥을 지을 수 없는 걸까?

나팔꽃도 기상을 포기하고 나팔을 내려놓아 버린

그 새벽부터 아침까지의 목격자,
나는 더 이상 할 말이 없다.

보아도 본 것이 없으므로.

따발총에 쓰러지다

소백산 구인사에서는 스마트폰이 터지지 않아요.
연밥자리 같은 기도도량이라
기지국 설치를 못하게 하는 거죠.
그래서 구인사에 가면 스마트폰을 꺼야 해요.
배터리도 아껴야 하지만 세상살이도 잠시
꺼두는 게 스마트한 거니까요.
하루 종일 구인사에 있다가
영춘 일성식당에서 탕수육에 고량주를 두 병이나 마시고
북벽, 느티나무 그늘 아래 몸을 눕혔는데요.
지친 몸 구석구석 고량주가 물도랑을 내는 동안
졸음에 겨운 그 와중에 그만,
나도 모르게 스마트폰을 켜고 말았어요.

까똑! 까똑! 까똑!
후리릭! 후리릭! 후리릭!
딩동! 딩동! 딩동!

창이 열리자마자

따발총을 쏘아대는 신호음들
그 스마트한 메커니즘 앞에 나는
쓰러지고 말았어요.

詩

임 원 식

2001년(소설)·2004년(시)《문예사조》, 2012년《유심》(시) 등단.
시집《환속하는 봄비》《초록빛소리》등 다수. 온누리태양광 회장.

나무의 길 꽃의 길

산길은 나무의 길이다.
소나무, 참나무, 잣나무, 오리나무
크고 작은 나무들이
앞서거니 뒤서거니
줄레줄레 걷는 길이다

내가 빨리 걸으면
나무들도 빨리 걷고
내가 쉬면 나무들도 쉬고
나무는 그렇게 사람들을 맞아주는 것이다

산길은 꽃의 길이다
산수유, 철쭉, 원추리, 패랭이……
노랑, 빨강, 하양, 보랏빛 꽃들이
손잡고 어깨 걸고 재잘거리며
팔랑팔랑 사뿐사뿐 따라온다

내가 인사하면

꽃들도 웃으며 반기고
내가 노래하면
꽃들도 합창하고
꽃들은 저마다 사람을 사랑한다
내게 있어 산길은
나무의 길, 꽃의 길이다.

산을 오른다는 것은

산을 오른다는 것은
산 밖의 산을 보는 일이다

풀과 나무, 꽃과 새
바위와 구름을 벗어나
하늘 밖의 하늘을 보는 일이다

사람들의 마을에서 일어나는
기쁨과 슬픔, 사랑과 미움을 벗어나
생각의 골짜기로 들어가는 일이다

산을 오른다는 것은
내가 걸어왔던
모든 길을 다 버리고
새 길을 찾아가는 것이다.

나무도 예불을 한다?

시월 단풍이랬더냐
내장산에 가면
나무들이 어떤 몸짓
어떤 빛깔로
산을 한 송이 꽃으로 피우고
사람들을 불러 모으고 있는지
눈을 크게 뜨고
오래오래 바라볼 일이다

나무들이 손에손에 꽃등을 켜고
조용한 걸음으로 내장사의 법당에서 들려오는
독경소리에 맞춰
나무아미타불을 따라 외우며
합장을 하고 삼배도 올리는
그런 모습으로는 보이지 않느냐

내장산 단풍이 물들어
이 나라의 가을이
비로소 가을임을 알리는구나.

정 명 진

2013년《유심》으로 등단.

밥은 힘이 세다

"점심 먹으러 와요. 장조림 했어요."

중국발 미세먼지가 대기를 집어삼킨 날
큰길 건너 사는 친구에게서 날아온 문자이다

미세먼지 아가리로 빨려 들어갈 것만 같아
갈까 말까 망설이고 있는데

새 한 마리가 베란다 창가에 날아와
한두 번 울더니
잣나무 가지 위 제 동무에게로 날아갔다

새의 말이 날아가지 않도록
흩어진 자음과 모음의 신호를 해독해보니
밥이 식고 있으니 서둘러 오라는 내용이다

망설임 없이
문을 밀고 나간 신발 두 짝이

뿌연 대기 속으로 총총걸음을 재촉한다

밥은 미세먼지보다 힘이 세다

아들에게

지금, 대한민국은
안녕하십니까, 라는 화두로
서로 이해하고 뭉치고 껴안고 있단다

이즈음 텔레비전 하단에
네가 있는 파주 기온이
영하 20도라는 자막이 지나가는데

아들아, 너는 안녕한지 묻고 싶구나

최전방에서 군복무 중인 너는
몇 주째 소식이 없어

내 마음은 오늘도 통일대교 넘어 어디쯤에 가 있는데

한 계절 네가 있는 마을에 찾아온
청둥오리들의 집단요구는 관철되고 있는지
한여름 밤 불 밝혀 시위했던

그곳 들판의 반딧불이 수풀광장은 건재한지

몇억 광년 떨어진 별에서도
뚜뚜뚜뚜 뚜뚜뚜뚜
무선부호로 근황을 알려오듯

오늘은, 네가 있는 곳에서
이런저런 소식이 들려왔으면 좋겠다

전쟁

시드니의 데이비 스퀘어 공원에 세운 참전기념비에
제1차 세계대전
제2차 세계대전
그리고 한국전에서 희생된
그 동네 사람들 이름이 새겨져 있다

모두 스무 살 전후 청년들이다

오래전부터 현주소가 없는 그들에겐
해마다 피고 지는 들판의 꽃들을 보는 일
유칼립투스가 해마다 옷을 벗는 모습을 보는 일
들판에서 무리 지어 노느라 새들이 재잘거리는 소리를 듣는 일
까마귀가 땅을 스치고 날아올라 잠든 코알라를 깨우는 모습을 보는 일
친구와 만나 비밀스런 연애 얘기를 하는 일
가족과 어울려 밥을 먹는 일
이런 일상이 오래전에 끝났다

〉

지금도 곳곳에서
전쟁으로 청년들이 죽어가고 있다

민족을 위해
종교를 위해
이념을 위해
사람은 없고 전쟁만 있다

정 정 례

2010년《유심》으로 등단.
시집《시간이 머무른 곳》《숲》《덤불 설계도》. 천강문학상, 한올문학상 수상.

덤불설계도

가을 덤불은 어둑한 그늘도 이사 간 빈집이다
찬바람만 들고나는 곳
햇살이 똬리를 틀던 뱀을 따라 하고 있다
푸른 부피가 다 빠진 덤불을 보면 봄과 여름이 이사 간 빈집 같다
흘리고 간 꽃잎 몇 장
빛바랜 잎사귀 몇 개 매달려있다
뼈대만 앙상한 것 같지만 사실 줏대 없는 것들끼리 지탱할 수 있는 유용한 설계도다
그래서 봄에 꽃 필 때도 네 줄기 내 줄기 찾지 않는다 굳이 따지고 내려가면 꽃 피는 계절이 훌쩍 떠난 뒤에 엉킨 줄기를 헤집고 확인할 필요가 없는 덤불, 잘못 건드리면 주저앉을 수도 있는 것들. 가만히 두어도 제자리를 지켜내는 질서가 정연하다
휘어지고 얽힌 집에 남아 있는 것은
수북이 쌓인 흔적들
이름을 찾기에는 물어볼 엄두가 나지 않는다
때가 되면 스스로 호명을 한다

색색이 문패를 단다
빈 줄기 같지만 그중 하나 뚝 잡아 꺾으면 물기 가득한 전
류가
흐르고 있다
지금은 더 많은 양의 전류를 충전 중이다
잘못 건드리면 줄기 곳곳에 날카로운 불꽃이 인다
꽃들이 피다 간 곳, 방전이다

썰물이 돌아온다

저녁을 묻히고 어둠의 포구로 밀려오는 밀물
묶여 있던 배들의 바닥에 부력이 달라붙고 있다
이 진창에도 길이 있다는 듯
물보다 먼저 아낙들이 널배를 타고 돌아온다.
늘 저 시퍼런 물에 쫓기며 살았던 사람들
머리에 얹힌 수건을 풀 듯
수평선 끝으로 붉은 해가 빠진다

저녁때의 모든 잠식은 소리가 없다
움직이는 것들의 발길엔 다 제 거처가 있겠지만
저 물속으로 집을 삼은 것들이 있어
오늘 저 물살이 유독 꼼지락거리는 것 같다

미끄러운 길이었고 구불거리는 길이었다

연체동물같이 밀려드는 썰물
입 꽉 다문 어패류를 싣고
저기 물질 나갔던 썰물이 밀물로 돌아오고 있다

펄 속에 껌벅거리는 빛들의 피로가
허리춤 천 근 무게로 묶여 가라앉고 있다
저 탁류로 배들이 문을 열고 출항을 하고
조개들이 입을 열고 찰박거리는 물소리를 내뱉고 있다
뒤돌아보면 언제 그랬냐는 듯 평평한 시간들
개펄에 붙들린 젊음은 빠르고 미끄러웠다
아낙들이 망태를 저울에 올려놓고
눈금의 절반을 넘은 어느 지점에서 썰물이 바르르 떤다
붉은 노을은
그 사이 어둠을 건너가고 있다

전각

이빨 가는 소리가 난다
강한 것끼리 만나는 소리
그 소리가 돌에 길을 낸다
점 하나로부터 시작되어
골골이 흔적을 남기는 길
정해 놓은 길 따라가다 보면 어느새
끝이 나는 길
그 길 끝의 소리들이 만들어낸 들뜬 이빨로
부를 수 있는 이름 하나 있다
눈에 보이는 것은 부스러기 끝에 남는
표정뿐이다
푸른 돌, 잘 익은 돌에 이름 하나 안치면
끓는 소리도 없이 설설 익는다
제 살을 깎아 만들어낸 각
부스러기들 떨어져나가고 희뿌연 먼짓가루
다 날아가고 칼 지나간 곳을
비로소 이름으로 쓴다
바닥을 딛고서야 드러나는

가장 밑 부분의 수결
반대의 획으로 찍히는 이름은
음과 양이 마주한다.
붉은 색깔을 옷으로 입는 것은
이름에도 뜨겁게 뛰는
붉은 심장이 있기 때문이다

조 안

2012년 《유심》으로 등단.

잠실철교 지나며

빼꾸기 울음 속에
풍경처럼 잠겼다가

서울로 와 전철에 간신히 끼어 탔다

물살에
떴다, 가라앉았다, 쓸려가는 나뭇가지

아리수 아리랑

강기슭에 다가오는 달빛 머금은 윤슬

어미 소 새끼 핥듯 어린 발길 어루만지네

아리수 굽이치는 물결 입술 위에 출렁이네

고(高)3 심리 예보

1학기
오늘 날씨 대체로 맑고
일교차 크겠습니다

중부지방 오후 한때
비 온 뒤 개겠습니다

안개가 짙게 끼는 곳은
서행하셔야겠습니다.

2학기
초대형 태풍 11호
현재 북상 중입니다

해일과 산사태에
대비하시기 바랍니다

한차례 휩쓸고 나면
쾌청해지겠습니다.

한경옥

2013년 《유심》으로 등단.

마지막 잔을

이삿짐을 쌌다.
처음 입주할 때
구석에 쌓아두었던 물건들을
그대로 꺼냈다. 버리기도
다시 싸기도 애매하다.
자꾸 꺾이는 무릎
오랜만에 만나는 햇살에
수줍음 타는 동전 몇 개, 얼룩진
이미테이션 반지가 배시시 웃는다.
특별사면을 받은 것처럼 먼지들이
한 움큼씩 쏟아져 나오고
그 먼지들과 뒤엉킨 머리카락 따라
왁자한 웃음소리도
벽 어딘가에서 튀어나올 것만 같다.
고양이 울음소리가 길게
한 바퀴 훑고 사라지는 담장 너머
삐쭉 고개를 내미는 능소화

테이크아웃 매장에서 배달해온
식어 빠진 에스프레소 커피를
창틀에 앉아 꿀꺽!

이슬

안마당
들마루에서 설핏
초저녁잠이 들었다. 아직은
여름이라고 방심했던 것이
탈
요란한 재채기
오슬오슬 한기가 들고 열이 난다.

끙끙 앓고 일어난 아침, 옷이
축축하다.

밤하늘도 감기에 걸리나?

열꽃 사그라진 하늘도 밤새
식은땀을 흘렸는지
담장 위 호박잎이 흠씬
젖어 있다.

손톱을 깎으며

잠을 놓쳐버려
리모컨만 들볶는 밤

말동무해 주던 아들이
손톱을 깎아준다.

잘려나가는 손톱 따라
거꾸로 도는 시계

숙인 그 애 이마에
젊은 날의
연인이 앉아 있다.

기침소리에 화들짝!

반백이 되어버린 아들이
부스스 다가온다.

허 전

2013년 《유심》으로 등단.

해바라기 증후군

이빨도 못 닦고서
잠든 날이 몇 날인가

이제는 그 순간이 통증으로 아물었다

웃어도 꽃잎 떨어진
해바라기 같아라.

하얀 감옥

죽을 죄 지었노라
말하지 마
말하지 마

달빛도 흘기고 간 하얀 감옥 하얀 침묵

하얗게 쓰자
까맣게 사라진
사랑 하나

비애

차차차 빈 봉지가
춤을 추며 날아간다

저것은 빈 봉지가 사랑을 깨치려는 것

그러나 입을 벌린 채
목젖으로 울며 간다

바람도 외롭다고
전깃줄에 잉잉거린다

온종일 꺼이꺼이 흐느끼는 까만 슬픔

사랑은 쓰다가 버린
빈 봉지의 비애다.

허진아

2010년《유심》으로 등단.

인(因)

날씨가 좋아 잊기로 한다 모래시계를 거꾸로 놓고 그 말을
잊기로 한다 오늘은 새 잎이 나기에 좋은 날, 벽에 그린 마
지막 잎을 지우고 가벼워지기로 한다 날씨가, 날씨가 좋아
잊기로 하자 말로 씻고 말로 자르고 말로 구운 고등어, 척
수를 타고 머리로 오른다 비릿한 말이 뇌수에 박히고 나는
미로에 숨은 말을 찾는다 벽과 벽 사
이에서 벽이 된 말, 더 이상 울지 않는
통곡의 벽에 기대 내가 운다 그래, 잊
기로 한다 햇살이 투명해 비우고 싶
은 날, 차라리 눈을 감고 흘러내리자
조여 오는 붉은 벽, 어제의 창이 사라지다 날씨가 좋아, 날
씨가 좋아 잊기로 하자 잊어버린 퍼즐 한 조각이 수상하고
그 말이 수상하고, 나는 아직 퍼즐을 찾지 못하고, 말을 버
리지 못하고, 그런데 그녀의 말이 날씨와 상관있을까 내일
의 날씨는 내일의 일, 날씨가 좋아 오늘은 그 말을 잊기로
할까 날씨가 좋아

휴먼피시

남자가 물고기처럼 누워 있다. 잘못된 지느러미일까. 팔 하나가 빠져나와 허공에 흔들린다. 가끔 소파에 귀를 대고 자신의 숨을 확인한다.

시간과 시간의 틈을 본 듯 낯선 풍경에 놀라는 남자, 빛이 두렵다. 놓친 시간만큼 낡아가는 소파, 뒤척이는 몸의 중심에 따라 출렁인다.

소파가 바다였을까. 남자가 30억 년 전의 물빛을 찾아 바다로 가고 있는 중일지. 심해 눈먼 물고기로 무엇을 찾고 싶을까.

석양이 거실을 파고든다. 어둠이 빛을 천천히 베어 문다. 남자의 몸이 가라앉는지 소파가 부풀어 오른다. 캄캄한 거실에 붉은 소파가 둥둥 떠 있다.

현관문을 닫고 계단을 내려가는 남자가 물빛이다. 발자국마다 물이 흥건하다. 어둠 속, 출근하는 남자의 뒤를 은빛

물고기 한 마리 따라간다.

축제

한번 놓친 리듬, 헛소리처럼 팔다리를 휘젓는다. 숨이 멎을 것 같은데 월반하라네. 흔적 없이, 밀려오니 밀려가라네.

햇살이 반짝이는 생이라 생각했다.
은빛 리듬이라 생각했다.
날 수 있구나 했다.
투명한 허구다.

감각 없는 팔다리, 휘젓는 것이 대가라면 언젠가 마지막 레인에서 가라앉겠지. 기억이 빠져나가고 서서히 껍데기가 되겠지.
부유하는, 잠깐 빛으로 혼곤한,

꽃상여 검은 나비, 하프－하얀 연인들, 핏자국－화선지의 실핏줄, 붉은 바람－아네모네, 질투－노란 키스, 청람색 넥타이－4월의 사선, 날리는 벚꽃－푸른 심장, 눈 내리는 눈, 검은 눈

바닥에 누워 일렁이는 빛을 바라보겠지, 까맣게 흩어지겠지, 물이 되겠지.

어느 레인에서 부딪혀 잠시 반짝이겠지.

다시 누군가 뛰어들겠지.

황영숙

2011년 《유심》으로 등단.

아버지의 땅

"차라리 전사를 하지 도망을 왜 가, 도망을"
"가면 다 죽었단다, 네 삼촌도 큰아버지도"

말없이 돌아앉은 등을 내가 제일 미워했다

머리에 아낙처럼 수건을 덮어쓰고
갓난애 나를 업고 언덕 아래 숨어 계셨던
비굴한 기피자의 등은 양수처럼 따뜻했다

양조장에서 조선소로, 철공소에서 구치소로
타관 땅 돌고 돌다 야산에 대를 심고
죄 없는 죄명을 쓴 채
그곳에 누운 당신

관 속에 묶인 역마살
긴 뿌리가 얽혔는지
개간한 삼천 평은 대숲으로 흔들렸다
끝끝내 화해하지 못한

내 미움도 흔들렸다

실직

자리 잡지 못한 걸까
또 한 해가 가는데……

입원한 지 일주일 째,
병문안 온 아들 녀석

퀭하니
들어간 눈에
볼우물도 깊어라

어설픈 손놀림으로
어깨 몇 번 주무르다

그 무슨 죄인인 양
위로의 말 다 못하고

돌아선
새끼의 뒷모습이
내 몸보다
더
아프다

준설

천년 젖어온 땅 지키며 살자던 곳
하늬바람 밀고 밀어 물살이 거칠더니
망루 끝 높이 올랐던 깃발이 꺾이었다

포클레인 삽날이 가슴을 도려내자
본포리* 칸나 꽃은 만장처럼 펄럭였다
노을이 언뜻 기울고 먼 산이 또 울었다

모래섬에 새겨 둔 사랑한다는 그 말
가라앉다간 솟구치고 솟구치다 가라앉고
둥지를 잃은 알들이 부표처럼 떠다녔다

* 경남 창원시 의창구 동읍 본포리와 창녕군 부곡면 학포리 사이에 낙동강이 흐른다.

유심문학회 회원 명단

강병천 / bckang2@hanmail.net

권규미 / demeter02@hanmail.net

권영희 / kkachi64@hanmail.net

김 경 / kimkyung39@hanmail.net

김경태 / yoyohui@hanmail.net

김남극 / namkeek@hanmail.net

김대봉 / hamllet@daum.net

김동호 / tkrhdgksk@hanmail.net

김선화 / white3009@hanmail.net

김양아 / kyastella@hanmail.net

김영주/ ozkim1999@hanmail.net

김용옥 / y2ok99@hanmail.net

김용희 / gsa1009@naver.com

김인후 / sgjk007@hanmail.net

김종규 / kjglaw@hanmail.net

김태암 / taeam-k@hanmail.net

김택희 / heeeyoung@hanmail.net

김향미 / khm6666@hanmail.net

김해인 / binzip4u@naver.com

김혜진 / khjl1216@naver.com

박미산 / misan0490@hanmail.net

박미자 / sunshin080@hanmail.net

박방희 / pbh0407@hanmail.net

배재형 / bjh7373@naver.com

서 덕 / kwakrizako@hanmail.net

서상규 / flomp@naver.com

서승석 / naromiseo@naver.com

석성환 / ssh0800@hanmail.net

성승철 / nine999@spo.go.kr

신진숙 / kkamsse@hanmail.net

안현심 / ansim99@hanmail.net
엄계옥 / uko07@hanmail.net
오승근 / hoks2002@hanmail.net
오승희 / negidung8ja@naver.com
우호태 / hatae0808@naver.com
윤경희 / ykh6463@hanmail.net
이 노 / kapno@hanmail.net
이무열 / lmy0142@hanmail.net
이 랑 / cjd5900@hanmail.net
이석란 / sukrye8589@hanmail.net
이소영 / leosm@naver.com
이승현 / towoo54@hanmail.net
이종남 / gjmh0686@hanmail.net
이제우 / ljwoo16@hanmail.net
이태정 / jungdaun-ltj@hanmail.net
이학종 / urubella@hanmail.net
임연태 / mian1@hanmail.net
임원식 / wslim3831@nate.com
임효림 / hl0824@hanmail.net
정명진 / chong1963@hanmail.net
정정례 / cjl1236@hanmail.net
조 안 / lkwnd817@hanmail.net
차창호 / jarawo@hotmail.com
하유숙 / anemone805@hanmail.net
한경옥 / ejrtnrnddks@naver.com
허 전 / bingolbang@hanmail.net
허진아 / 59maljina@hanmail.net
홍종화 / shake89@hanmail.net
황영숙 / ayoung0606@hanmail.net

도시를 스캔하다

초판1쇄 인쇄 2014년 12월 20일
초판1쇄 발행 2015년 1월 1일
엮은이 : 유심문학회
펴낸이 : 김향숙
펴낸곳 : 인북스
주소 : 경기 고양시 일산서구 성저로 121, 1102-102
전화 : 031) 924 7402
팩스 : 031) 924 7408
이메일 editorman@hanmail.net

ISBN 978-89-89449-46-1 03810
값 8,000원